Von Fischbrötchen & Nordlichtern

Von Jessica Hilbert

Buchbeschreibung:

In »Von Fischbrötchen & Nordlichtern« entfalten sich die liebenswerten Besonderheiten des Landes zwischen Nord- und Ostsee: von den einfachen Freuden eines frischen Fischbrötchens bis hin zu den tanzenden Nordlichtern am sternklaren Himmel.

Tauchen Sie ein in die Atmosphäre der weiten Deichlandschaften, hören Sie das Flüstern des Windes durch den Strandhafer und spüren Sie die stille Magie eines Sonnenaufgangs am Ostseestrand.

Über die Autorin:

Jessica Hilbert, Jahrgang 1987, geboren, aufgewachsen und beheimatet in dem Land zwischen den Meeren.

Aus diesem Grund ist nun, neben Fantasyromanen und Gedichten über des Menschen liebste Vierbeiner, dieser Gedichtband über Eigenarten, Bewohner und zauberhaften Momenten über Schleswig-Holstein entstanden.

Ebenfalls von der Autorin erschienen:

Illustrierte Gedichtbände:
>   Von Samtpfoten & Märchenkatzen
>   Von Spürnasen & Hundehaaren
>   Von Schiffskatzen & Schmusetigern
>   Von legendären Katzen & Katzenlegenden

Fantasyromane:
>   Katzenagenten – Bedrohung aus dem Nebel

Von Fischbrötchen & Nordlichtern

Heimatgedichte über Schleswig-Holstein

Von Jessica Hilbert

Bibliografische Information der Deutschen National-
bibliothek: Die Deutsche Nationalbibliothek verzeich-
net diese Publikation in der Deutschen Nationalbiblio-
grafie; detaillierte bibliografische Daten sind im Inter-
net über http://dnb.dnb.de abrufbar.

1. Auflage, 2025; Copyright © 2025 Jessica Hilbert

Blog: www.buchstabenpfote.de
E-Mail: kontakt@buchstabenpfote.de

Text: Jessica Hilbert
Covergestaltung: Jessica Hilbert
Coverabbildung: erstellt mit Midjourney
Illustrationen: erstellt mit Midjourney, bearbeitet durch
Jessica Hilbert

Verlag: BoD · Books on Demand GmbH, Überseering 33,
22297 Hamburg, bod@bod.de
Druck: Libri Plureos GmbH, Friedensallee 273, 22763
Hamburg

ISBN: 978-3-7693-4019-8

Inhalt

Lebensweise

Ode an das Fischbrötchen

O Fischbrötchen, du köstliche Pracht,
  mit zartem Fisch, so frisch und fein,
  auf knusprigem Brötchen, die See erwacht,
  ein kleines Festmahl, ein Genuss so rein.

Vom Hafen kommst du, das Salz in dir,
  dein Aroma verlockt, die Sinne geweckt,
  mit jedem Bissen ein Hauch von Meer,
  alles im knusprigen Brötchen versteckt.

Mal schlicht mit Matjes, mal reich mit Lachs,
  Variationen für jeden Geschmack,
  Gurken, Zwiebeln, Remoulade dazu,
  fertig ist er, der verlockend maritime Snack.

Ob am Hafen, am Strand oder unterwegs,
  ein treuer Begleiter, wenn Hunger droht,
  ein Bissen, mein Herz höher schlägt,
  O Fischbrötchen, du bist ein Schatz im Brot.

Moin

Mit einem Wort,
   Ohne Schnack,
   Ist alles gesagt, kurz und knapp:
   Norddeutsch, typisch dort.

Solange die Kohle nicht schwimmt

Im Norden ist Grillen keine Frage vom Wetter,
    klar, Sonne macht alles netter,
    aber solange die Kohle nicht schwimmt,
    holt man den Grill raus, das stimmt.

Ob nun der Wind pfeift, die Kälte beißt,
    egal, fürs Grillen ist man zu allem bereit.
    Mit Mütze, Schal und Handschuh bewehrt,
    wird die Kohle gestapelt, die Glut geschürt.

Wer sagt, Grillen sei an Frage der Jahreszeit,
    ist alles, nur nicht gescheit.
    Auch bei Schnee schmeckt Grillgut vorzüglich,
    darauf verzichten? Nee, unmöglich.

Es gibt kein schlechtes Wetter, ganz ehrlich,
    beim Grillen ist keiner zimperlich,
    solange die Kohle nicht schwimmt,
    holt man den Grill raus, das stimmt.

Der Wind gehört dazu

Der ständige Wind gehört dazu,
   doch nicht verzagen, schaust du,
   mit ein paar einfachen Regeln,
   kann man sich gut damit arrangieren.

Unumgänglich ist hier zu Land,
   ein ausnehmend fundiert fester Stand.
   Wer nicht mit beiden Beinen auf dem Boden steht,
   wird in der Regel schnell umgeweht.

Kommt auch noch Regen, nimm eine Jacke,
   bloß keinen Schirm – au Backe!
   Ein Schirm wird vom Wind glatt zerrupft,
   manch einer ist dann schnell verschnupft.

Und es ist kein Sturm, nur Wind,
   bis die Schafe ohne Locken sind.
   Alles darunter ist Wind, schaust du,
   der gehört hier einfach dazu.

Leerer Teller – gutes Wetter?

»Et dien Töller leddig«, hörte ein Kind,
    »dann givt dat morgen goods wedder« und so beginnt,
    die Mär von Essen und Wetter,
    dabei ist die Wahrheit viel netter.

So hat ein leerer Teller, kurzum,
    nichts mit Sonne zu tun.
    Denn das plattdeutsche Wort »wedder«,
    bedeutet »wieder« nicht »Wetter«.

Wie lautet nun die korrekte Übersetzung?
    Gehen wir zurück zum Ursprung:
    »Iss deinen Teller leer«, lautet der Spruch,
    »dann gibt's morgen wieder was Gutes auch.«

Landschaft

Das Wattenmeer

Am Rande des Meeres, wo Seehunde leben,
   Ebbe und Flut die Landschaft prägen,
   offenbart der Tanz der Gezeiten sogleich,
   im stetigem Wandel die Schätze im Reich.

Bei Ebbe zieht sich das Wasser zurück,
   enthüllt das Watt, einen schlickigen Fleck.
   Dort tummeln sich Krebse, Muscheln und mehr,
   in schlammigen Tiefen, ein wahres Gewirr.

Vögel kreisen über dem Watt,
   auf Nahrungssuche im natürlichen Takt.
   Austernfischer am Boden, Möwen am Himmel,
   ein Spiel der Natur, ein wahres Gewimmel.

Dann, bei Flut kehrt das Wasser zurück,
   überflutet das Watt, den schlickigen Fleck.
   Nun schwimmen hier Fische umher,
   wie Scholle, Stint und die Flunder.

Von Nord- bis Ostsee

In Schleswig-Holsteins weitem Land,
  wo Himmel trifft auf Meeresband,
  liegen Felder, gelb und weit,
  Deiche schützen vor der Flut der Zeit.

Windmühlen dreh'n sich sanft im Wind,
  Möwen zieh'n ihre Kreise geschwind.
  Wiesen und Felder, ein endloses Grün,
  Schafe grasen und Wolken zieh'n.

In kleinen Dörfern, idyllisch und fein,
  lädt altes Fachwerk zum Verweilen ein.
  Städte, pulsierend, voll Leben und Licht,
  verbinden das Alte mit modernem Gesicht.

Die Menschen hier, rau und doch warm,
  heißen dich willkommen mit offenem Arm.
  Von Nord- bis Ostsee, von Wald bis Strand,
  Schleswig-Holstein, mein Heimatland.

Leuchttürme

An der Küste stehen sie, ihr Licht erwacht,
zuverlässig bei Einbruch der Nacht.
Sie weisen den Weg, in Sturm und in Ruh',
begleiten die Schiffe und ihre Crew.

Ihre Türme aus Stein erheben sich weit,
als Symbol der Sicherheit in dunkler Zeit.
Sie trotzen den Wellen, Wind und der Flut,
ein Leitstern der Seeleute, ein Zeichen für Mut.

Ihre Strahlen durchbrechen Nebel, so dicht,
Wächter der Küste, bei schäumender Gischt.
Sie leuchten für alle, die fahren hinaus,
geleiten sie sicher wieder nach Haus.

Ihre Geschichten, geheimnisvoll und alt,
von Schiffbruch, Rettung, Sturm und Halt.
Zeugen der Abenteuer von Meer und Land,
an einem Ort, wo das Leben am Ufer begann.

Ostsee

Ostwind schäumt sanft auf die Wellen,
Sonne scheint, lädt ein zum Verweilen.
Tief der Blick, der übers Wasser streift,
Sand und Meer soweit das Auge reicht.
Ein Ort der Ruhe, ein Ort der Weite,
ein Paradies an unserer Seite.

Die Steilküste

Entlang der Küste, hoch und steil,
    erheben sich Klippen, ein Ergebnis der Zeit.
    Geboren aus Erosion und Kraft der See,
    Zeugen der Vergänglichkeit, ein urtümliches
Porträt.

In der Tiefe der Jahrhunderte entstanden,
    Ablagerungen, die sich zu Sedimenten ver-
banden.
    Mit der Zeit an die Oberfläche gebracht,
    und nun geformt durch oberirdische Kraft.

Das Gestein erodiert, langsam doch stetig,
    die Klippen verändern sich, nichts besteht
ewig.
    Von zerklüfteten Höhen zu sanften Bögen,
    von scharfen Kanten zu weichen Zügen.

Sie lehren uns Demut vor der Naturgewalt,
    vor der Ewigkeit des Meeres, so kalt.
    Denn während die Klippen sich ständig ver-
ändern,
    bleibt das Meer, das sie formt, unermüdlich
besteh'n.

Tierische Bewohner

Seehunde

Sanft ruht er am Strand, sein Pelz im Licht,
ein Hauch von Wildnis, schön und schlicht.
Ein Zwinkern, ein Schnaufer, völlig gechillt,
hüpft dann in die Wellen, ein schönes Bild.

Unter der Sonne, im kühlen Nass,
Nase im Wasser, was für ein Spaß.
Der Tanz auf den Wellen, ein seliger Bund,
ein Bewohner der Küste, der Seehund.

Die Lachmöwe

In luftiger Höh' am Himmel weit,
  da fliegt die Lachmöwe und schreit.
  Mit ihrem »lachenden« Ruf so klar,
  zieht sie ihre Kreise, mal fern, mal nah.

Doch Vorsicht, wenn du an der Küste stehst,
  die Möwe hat ihren Blick, wo du auch gehst.
  Sie stiehlt sich Futter, wo immer sie kann,
  ob Fisch oder Brötchen, das ist ihr Plan.

Sie brütet in Kolonien, am Strand so fein,
  mit roten Schnabel und schwarzen Design.
  Doch sei gewarnt, wenn du sie siehst,
  sie ist kein Engel, das ist gewiss.

Wattwurm

Wasser fließt auf und ab im Wattenmeer,
aufgewühlt, verborgen lebt ein Wurm hier.
Tief im Sand, fleißig am Arbeiten,
Tunnel grabend, das Watt aufbereitend.

Wasser marschiert, die Gezeiten regieren,
unbeirrt lässt er sich nicht kontrollieren.
Ruhelos im Schlamm und im Sand,
mit dem Strom, im Watt, das ist sein Stand.

Muschelvielfalt

Am Nord- und Ostseestrand,
   da leben Muscheln im Meer und im Sand.

Die Miesmuschel, schwarz und glatt,
   die Ostseemuschel, mit hellem Blatt.

Die Herzmuschel, mit herzigen Schrein,
   die Wattmuschel, im Sand so fein.

Die Strandschnecke, in schillernder Pracht,
   die Amerikanische Auster, die sich breitmacht.

In Kolonien sie leben, in Nord- und Ostsee,
   und bringen Vielfalt ins Leben der See.

Feuerquallen

Feine Tentakel, tanzend im Strom,
  ein faszinierender Anblick, das schon.
  Unter den Wellen, ein schimmerndes Licht,
  einzigartig, wer kennt sie nicht?
  Ruhig treiben sie, in der Strömung befreit,
  Quallen, ein Phänomen der Meereszeit.

Unverkennbar, die feurige Pracht,
  alles um sie herum in Bann gebracht.
  Lebendiges Licht im dunklen Blau,
  lockend, auf der Suche nach Beute, schau,
  erscheint die Feuerqualle in ihrer Pracht,
  nicht die Tentakel berühren – Obacht!

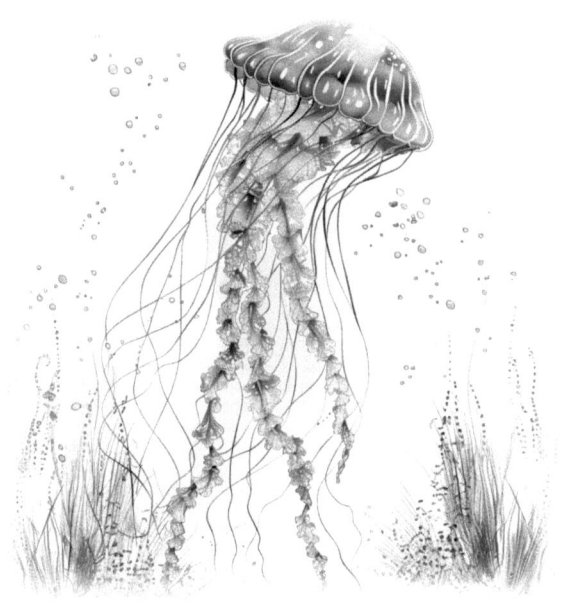

Momente

Ebbe & Flut

Einsam liegt das Watt in sandigen Weiten,
　　Brandung entfernt, das Werk der Gezeiten,
　　bereit für krabbelndes, quirliges Leben,
　　ein betriebsames Geben und Nehmen.

Flut steigt empor, das Meer erwacht,
　　langsam, doch stetig in Schüben gebracht,
　　unergründlich die Küste jetzt,
　　tief in den Wellen, wenn die Flut einsetzt.

Es wandert der Mond, zieht mit Kraft,
　　bis das Wasser sich wieder aufrafft,
　　behäbig weicht es aufs Neue zurück,
　　erneut liegt das Land frei, Stück um Stück.

Fern mag die Flut noch sein,
　　lädt trügerisch zum Verweilen ein,
　　unerbittlich verschwindet das Land,
　　tief steht die See, wo eben es sich befand.

Sonnenaufgang an der See

Am Horizont erwacht ein neuer Tag,
   die Sonne kündigt sich zaghaft an.
   In der Ferne ein Hauch von Gold,
   dem eine behagliche Morgenröte folgt.

Der erste Lichtstrahl streift die Düne,
   Strandhafer umgibt diese frühe Bühne.
   Die Brandung rauscht leise an den Strand,
   Zehen graben sich behaglich in den Sand.

Die Möwen tanzen, der Wind spielt sein Lied,
   Salz in der Luft, Alltag entflieht.
   In der Stille des Morgens erwacht,
   ein Moment der Einkehr, die Seele lacht.

Strandhafer im Wind

Strandhafer im Wind, sanft und fein,
   auf einer Düne, im Sonnenschein.
   Ein Tag so klar, der Himmel blau,
   die See so ruhig, ein Traum für lau.

Die Düne geschmückt, mit Strandhafer satt,
   die Sonne streift das flaumige Blatt.
   Ein leichter Wind streicht durch das Grün,
   ein Lied der Küste, wunderschön.

Der Wind trägt ran das Salz der See,
   vermischt es mit dem Sandbouquet.
   Eine Symphonie der Natur, ein Gedicht,
   Strandhafer im Wind, im Tanz mit dem Licht.

Der Strandkorb

Ein Strandkorb behäbig und schwer,
steht fest im Sand, mit Blick auf das Meer.
Tagsüber begrüßt er die Gästemassen,
die sich in seinem Schatten niederlassen.

Menschen kommen und gehen am Strand,
doch der Strandkorb bleibt stehen im Sand.
Er beherbergt alle mit ruhigem Gemüt,
ein Ort der Entspannung, schattengeprüft.

Wenn die Nacht kommt, der Strand sich leert,
bleibt der Strandkorb zurück, unbeschwert.
Er teilt den Strand mit seinen Kollegen,
die stillen Wächter bei Nacht und Regen.

Die Saison vergeht, der Sommer wird alt,
und der Strandkorb wandert alsbald,
ins Winterquartier aus Holz und Beton,
wartet geduldig, auf die nächste Saison.

Nordlichter über der Seebrücke

Über der Ostsee ein Nordlicht?
  Nein, so etwas gibt es doch nicht.
  Oh doch, manchmal in sternklarer Nacht,
  tanzt sie auch hier, die schillernde Pracht.

Wenn er kommt, der Sonnenwind,
  geh in die Nacht hinaus geschwind.
  An einen Ort, wo der Blick frei ist,
  wo du störenden Lichtquellen entwischst.

Die Sterne funkeln, die See ruht sanft,
  die Nacht ist eisig, der Atmen dampft.
  Und dann beginnt das Schauspiel,
  die Farben tanzen, bunt doch still.

Über der Seebrücke erscheint,
  wie in einem Gemälde vereint,
  der Himmel in neuem Gewand,
  ein grünes, ein lila, ein schimmerndes Band.

Und dann ist es auf einmal vorbei,
  der Himmel ist wieder farbenfrei.
  Vielleicht war es nur ein kurzer Moment,
  doch für diese Erinnerung war es lohnend.

Kurze Gedanken

Kornfelder im Wind
Rapsblütenmeer am Horizont
Schleswig-Holstein singt

Schattenspiel im Licht
Leuchtturm malerisch am Strand
Einsamkeit und Glanz

Möwe schwebt im Wind
Schreitend über Wellen hin
Freiheit hoch im Sinn

Krabbe im Sandbett
Schnell versteckt sie sich geschickt
Wellen rauschen fern

Am Strand liegend dort
Muscheln im Sand verborgen
Schönheit offenbart

Danksagung

Und nun sind wir wieder an der Stelle, wo ich »Danke« sage:

Danke, an alle, denen meine bisherigen Gedichte gefallen haben und mich auf diese Weise ermutigen, weiter zu machen.

Danke, insbesondere, aber nicht nur, an Patricia, Konrad, Dominique, Dagmar, Manfred, Heti, Manuela, Ralph, Ruth und Melanie.

Danke, an meinen Mann für seine Unterstützung, besonders für das Vorbeibringen einer Tasse Tee im richtigen Moment.

Und zu guter Letzt: Danke, an die ausgefallenen Ideen und Einfälle, die immer in den unmöglichsten Situationen vorbeischauen, aber solche Projekte wie dieses erst möglich machen.

Und für alle, die sich gewundert haben, dass ich diesmal im letzten Abschnitt gar keine spezielle Gedichtform vorgestellt habe: In diesem Gedichtband finden sich fünf sogenannte Akristichons.

(**Akrostichon, das:** Eine Form des Gedichts, bei dem die Anfangsbuchstaben der Zeilen vertikal gelesen ein Wort ergeben.)

Viel Spaß beim Finden.